Italian short stories

True short stories collection to understand contemporary Italy

By
Alessandro Ghebreigziabiher

Contents

La Regina Elisabetta visita l'Italia: la gioia di Saverio

Mi chiamo Saverio e un sorriso sarà la mia ultima parola.

Sì, sorridendo, così me ne sono andato.

Con gioia.

Perché con essa sono morto.

Voglio sottolineare questo per mio figlio.

Egli non deve portarne l'onere.

Vorrei lasciare sulle sue spalle e nel suo cuore tutto tranne un peso.

Leggerezza, questa è la mia eredità.

Ebbene, non mi riferisco alla piccola eredità che troverà nelle mie ultime volontà.

Sa che non c'è stata ricchezza nella nostra famiglia.

La levità che vorrei offrire come titoli di coda della mia vita riguarda il bagaglio di pensieri e emozioni che lo accompagneranno per il resto della strada.

La vita è già piena di valigie pesanti.

Altrimenti, come possiamo camminare o addirittura correre?

E volare?

No, figlio, la colpa non è tua.

L'ispirazione proviene da te, attraverso la tua voce, tuttavia, se in questi ultimi brandelli d'esistenza hai trascorso ogni domenica a leggermi la notizie della settimana, posso solo ringraziarti per questo.

Hai portato la luce del mondo sui miei occhi inerti.

Sì, una di esse mi ha dato il colpo di grazia.

Come potrebbe essere altrimenti?

Dicono che la spada ha un rivale ancora più mortale nella penna.

Ebbene, quando le impronte di quest'ultimo diventano parole dette, la vittima non solo muore.

La vita è letteralmente spazzata via.

Cancellata, come parola e significato.

Quando le parole uccidono, significa che sei finalmente arrivato alla fine della storia.

D'altra parte, suppongo che ti stia chiedendo quale forma il colpo mortale abbia avuto.

Eccoci qui.

Elisabetta in Italia, la regina ritorna.

Figlio, hai recitato il titolo di cui sopra e continuato l'articolo, senza renderti conto che il tuo unico spettatore era intrappolato nelle grinfie di quelle ipnotiche illusioni di lettere.

Elisabetta in Italia, la regina ritorna.

Sì, so che non c'è alcun confronto tra le due.

La regina con la erre maiuscola è un'altra, ma cerca di capirmi.

Lei sarà sempre la regina, per me.

Tua madre, la mia adorata moglie Elisabetta.

Mi chiamo Saverio e di me rimarrà solo un sorriso.

Sì, sorridendo.

Così ho chiuso il sipario.

Con gioia.

Perché con la gioia sono morto.

Tornando da lei.

La mia regina...

Queen Elizabeth visits Italy: Saverio's joy

My name is Saverio and a smile will be my last word.

Yes, smiling, so I'm gone.

With joy.

Because I have died with it.

I want to emphasize this for my son.

He must not take the burden.

I would like to leave on his shoulders and in his heart all except any weight.

Lightness, this is my inheritance.

Well, I'm not referring to the small legacy he will find in my last will.

He knows that have been no richness in our family.

The levity I would offer as ending credits of my life concerns the bag of thoughts and emotions that will accompany him for the rest of the road.

Life is already itself fraught by heavy luggage.

Otherwise, how could we simply walk or even run?

And what about flying?

No, son, the blame is not yours.

The inspiration came from you, within your voice, however, if in these last remnants of existence you've spent every Sunday reading me the news of the week, I can only thank you for that.

You brought the world's light on my inert eyes.

Yes, one of them gave me the coup de grace.

How could it be otherwise?

They say that the sword has got an even more deadly rival in the pen.

Well, where the latter's footprints become said words, the victim does not just die.

Life is literally swept away.

Deleted, as word and meaning.

When the words kill themselves mean that you have finally come to the story's end.

On the other hand, I suppose you was wondering what form the mortal blow had.

Here we are.

Elizabeth in Italy, the queen returns.

Son, you recited the above title and continued the article, without realizing that your only spectator was trapped in the clutches of those hypnotic illusions of letters.

Elizabeth in Italy, the queen returns.

Yes, I know that there is no comparison between the two.

The Queen with the capital Q is quite another, but try to understand me.

She will always be the queen, to me.

Your mother, my adored wife Elisabetta.

My name is Saverio and only a smile will remain of me.

Yes, smiling.

So I closed the curtain.

With joy.

Because with joy I died.

Returning to her.

My queen...

Quando il cuore muore due volte

Andrea Mongiardo è morto a Roma a causa di un linfoma. Era l'uomo che ventidue anni fa ha ricevuto come regalo il cuore di Nicholas Green, il bambino di sette anni assassinato per errore durante una rapina nel Sud Italia.

Quando il cuore muore due volte.

Quando il cuore muore due volte significa che ha vissuto due volte. E molti altri ne hanno apprezzato i benefici.

Perché, quando il cuore muore due volte, l'aritmetica e le sue regole escono dalla finestra.

Poiché l'amore che sottrae crea infiniti vuoti, ma quando l'operazione è la somma, puoi chiamarla moltiplicazione.

Quando il cuore muore due volte si può piangere tanto, ma sono lacrime innocue.

Non cancellano i sorrisi e la gratitudine per i regali ricevuti e dati.

Quando il cuore muore due volte significa che qualcuno ha sognato di più.

La vita che segue, e quella che ha dato alla luce la prima.

Se ci pensi, è solo vita, niente di meno.

Quando il cuore muore due volte l'eco del battito cardiaco è più forte.

Quindi, se ti dicono che stavolta è finita, digli di stare tranquilli.

E ascoltare.

Quando il cuore muore due volte le storie sono due al prezzo di una.

Anche se la fine è la stessa, vale la pena.

Di viverle.

Perché quando il cuore muore la seconda volta vedrai sullo schermo entrambe le vite.

Poi le immagini cominciano a mescolarsi e il disegno si arricchisce di nuove forme e di colori inaspettati.

Dimmi se questa non è l'arte vivente.

Allora allarga il tuo cuore, perché quando muore due volte significa che lo spettacolo merita.

È importante essere lì.

Quindi vale la pena farlo di nuovo, ora lo sai.

Pertanto, quando incontrerai di nuovo il cuore che ha vissuto due volte, apprezzerai la morale.

Della storia.

Di coloro che hanno dato vita e tempo.

E coloro che hanno vissuto ogni secondo ringraziando l'amico del passato.

Dimmi se questo non è il significato di essere umano.

Di conseguenza, quando il cuore muore due volte non restare sul margine.

Prendi nota dell'unico viaggio temporaneamente interrotto.

Ricorda l'ultima destinazione all'orizzonte.

Continua a camminare per loro.

Con tutti loro.

Coloro che, con affetto incondizionato per la vita, scambiano il testimone e insieme sopravvivono meravigliosamente.

When the heart dies twice

Andrea Mongiardo died in Rome because of a lymphoma. He was the man who twenty-two years ago received as a gift the heart of Nicholas Green, the seven years old child murdered by mistake during a robbery in South Italy.

When the heart dies twice.

When the heart dies twice, it means that it lived, twice. And many more have enjoyed the benefits.

Because when the heart dies twice, arithmetic and its rules go out the window.

Because the love that subtracts creates endless empty, but when the operation is the sum, you can call it multiplication.

When the heart dies twice, you may cry as much, but they are defused tears.

They don't delete smiles and gratitude for received and given gifts.

When the heart dies twice it means that someone dreamed more.

The life that follows, and the one that gave birth to the former.

If you think about it, it's just life, nothing less.

When the heart dies twice, the echo of the heartbeat is strongest.

So, if they tell you this time it's really over, you tell them to be quiet.

And listen.

When the heart dies twice the stories are two for the price of one.

Although the end is the same, it's worth .

To live them.

Because when the heart dies the second time you'll see on the screen both the lives.

Then the images start to mix and the drawing gets enriched with new shapes and unexpected colors.

Tell me if this is not the living art.

Then widen your heart, because when it dies twice means the show deserved.

It's important to be there.

So it's worth to do it again, now you know.

Therefore, when you'll meet again the heart that lived two times you will appreciate the moral.

Of the story.

Of those who gave life and time.

And those who have lived each second thanking the friend from the past.

Tell me if this is not the meaning of being human.

Consequently, when the heart dies twice do not remain on the sidelines.

Take note of the only temporarily interrupted journey.

Remember the last destination on the horizon.

Continue to walk for them.

With all of them.

The ones who with unconditional affection for life exchange the baton and together wonderfully survive.

Il prossimo presidente Italiano sarà una bambina

Facciamo un gioco.

Facciamolo con una storia e disegniamo il prossimo presidente della repubblica italiana.

Il successore, il nuovo.

Sì, facciamo qualcosa di nuovo.

Facciamolo con una storia semplice, con un solo protagonista, lui.

Essendo onesti, lei.

Ebbene, questo è il modo: pensiamo alla maggioranza degli ultimi leader fino a oggi, tutto ciò che da sempre è stato considerato comune, quasi prevedibile.

Quindi, immagina l'opposto.

Così, il prossimo presidente italiano sarà una donna.

Togliamo ancora: sarà giovane.

No... avanti, facciamo di più: una bambina.

Ci sarà una bambina a capo della nazione italica.

Ma andiamo avanti, continuando a eliminare vecchie cose.

Basta con la capacità di mediare tra le parti, da sempre orgoglio dei leader storici.

La bambina che guiderà l'Italia verso il nuovo orizzonte non offrirà alcuna mediazione.

Se qualcosa è giusta, sarà così.

E se qualcosa è sbagliata, rimarrà tale.

Nessuna scelta di mezzo, senza confusione tra le parti.

Eliminiamo anche la sobrietà e il pragmatismo.

Il presidente bambina riderà forte innanzi alle cose divertenti, anche se riguarderà personalmente tutta la popolazione.

Soprattutto in quel caso.

Pragmatismo... be', non ha idea di cosa sia, per cui la naturale tendenza alle idee pazzesche e le soluzioni illogiche rimarrà intatta, giocando coraggiosamente senza paracadute e con gli occhi chiusi.

Con pragmatismo, tutte le parole inutili e complicate verranno bandite.

Il più giovane presidente della storia italiana parlerà con parole immensamente semplici.

Sarà spesso considerata ingenua, è certo.

Mostrerà fragilità di fronte alle difficoltà che ci attendono.

E condividerà con noi, con candore spontaneo, tutti i dubbi che la assaliranno le affrontando le problematiche che ci affliggono.

Non fornirà risposte.

Il più delle volte chiederà aiuto.

Avrà bisogno di noi, forse, molto di più del contrario.

Ecco perché dobbiamo crescere, per darle la forza che le mancherà.

Non sarà facile.

Sarà aggredita da ogni lato.

Tuttavia, una cosa è certa e non è roba da poco.

Sarà divertente.

Sarà entusiasmante.

E, soprattutto, non ci vergogneremo mai di lei.

The next Italian president will be a baby girl

Let's play a game.

Let's do it with a story, and let's draw the next president of the Italian Republic.

The successor, the new one.

Yes, let's do something new.

Let's do it with a simple story, with a single protagonist, him.

Being honest, *her*.

Well, this is the way: let's think of the majority of the last leaders until now. Everything has always regarded as common, almost predictable.

Then, let's imagine the opposite.

So, next Italy's president will be a female one.

Let's remove again: she will be young.

No... come on, let's do more: a little girl.

There will be a baby-girl at the head of the Italic nation.

But let's go forward, continuing to eliminate old stuff.

Enough with the ability to mediate between the parties, since ever historical leaders pride.

The girl child who will guide Italy to the new horizon won't provide any mediation.

If something is right, it will be so.

And if something is wrong, it will remain so.

No middle choice, without confusion between the parties.

Let's delete sobriety and pragmatism too.

The baby girl President will laugh loudly before funny things, even if it will personally concern the entire population.

Especially in that case.

Pragmatism... well, she has no idea what it is, so she will keep the natural penchant for crazy ideas and illogical solutions intact, bravely playing without a parachute and blinded.

With *pragmatism*, all unnecessarily, complicated words will be banned.

The youngest president in Italy history will speak with immensely simple words.

She will often be considered naive, that's for sure.

She will show fragility before the difficulties that lie ahead. And she will share with us, with spontaneous candor, all the doubts that will assail her facing issues afflicting us.

She will not provide answers.

The most frequently she will ask for help.

She will need us, perhaps, much more than the contrary.

That's why we must all grow up, to give her the strength she will miss.

It will not be easy.

She will be attacked from all sides.

However, one thing is certain and is not cheap stuff.

It will be fun.

It will be exciting. And most importantly, we will never be ashamed of her.

Razzismo in Italia: una storia diversa

Avete già sentito questa storia.

Avete già visto questo film.

Abbiamo già narrato questo racconto, tutti insieme, e lo abbiamo anche vissuto.

Eravamo tutti lì.

Tutti noi, e saremo lì anche domani.

Eravamo degli ebrei nei campi di concentramento nazisti e, nello stesso luogo, eravamo Rom e omosessuali.

Creature *sbagliate, errori* viventi.

Eravamo anche donne.

Sì, donne con la folle convinzione di essere qualcosa di più di un uomo.

Allo stesso livello, perlomeno, come streghe da bruciare.

Perché la magia più pericolosa è quando i sogni degli altri illuminano i tuoi incubi.

Siamo stati pazzi.

Persone malate con una innata propensione all'arte del delirio.

Dannati dalla nascita, o per imitazione di genitori davvero folli.

Polvere d'anima da nascondere sotto i tappeti.

Eravamo anche creature peccaminose, viziose, o malate d'amore proibito.

Eravamo drogati, dal cuore incurabilmente tossico, persone rumorose e indesiderate.

Perché la dipendenza non è mai un problema, a meno che non macchi il mio vestito.

Eravamo italiani, davvero, o anche solo dal sud.

Lontani dal nord o da ogni nuovo mondo.

Persone sporche e ignoranti.

Dai capelli e la pelle scura.

Rubando lavori per qualche dollaro o sterlina.

Diffondendo il crimine nelle strade.

Eravamo naturalmente persone illegali.

Immigrati.

Leggi tutto, davvero, tutto, come il nemico più facile nelle nostre mani.

Conosciamo questa storia.

Abbiamo già fatto questo film.

Abbiamo avuto notizie di questo romanzo.

E l'abbiamo vissuto.

Perché eravamo lì.

Eravamo tutti, lì.

E di nuovo ci saremo.

Tutto questo continuerà.

Succederà ancora.

Eccolo, là, sullo schermo.

Sull'ultima pagina.

Nella scena finale che non cambia mai.

Il codardo si sente forte grazie alla stessa vile folla.

Gridano, sputano e attaccano la preda.

Essi divorano quest'ultima, ogni giorno, adesso.

Anche ora lo stanno facendo.

Finché non troveranno un'altra, più fragile.

Meno difendibile.

Preda.

Sono stanco di questa storia.

Non ho paura e neanche tu dovresti averne.

Perché prima o poi saremo, di nuovo, tutti.

Tutto.

L'assassino codardo.

Come la preda.

Ma anche colui che scrive un'altra storia.

Una diversa.

Racism in Italy: a different story

You have heard this story.

You have already seen this movie.

We already told this tale, all together, and we have lived it too.

We were all there.

All of us, and we'll be there tomorrow too.

We were Jews in Nazi concentration camps, and in the same place we were Roma and homosexuals.

Wrong creatures, living mistakes.

We were also women.

Yes, women with the insane conviction to be something more than a man.

The same level, at least, as witches to burn.

Because the more dangerous magic is when the dreams of the others light your nightmares.

We were crazy.

Ill people with an innate propensity for the art of delirium.

Damned by birth, or for imitation of really mad parents.

Soul powder to hide under carpets.

We were also sinful, vicious or forbidden love's sick creatures.

We were junkies, with an incurably toxic heart, noisy and undesirable persons.

Because addiction is never a problem, if you didn't stain my dress.

We were Italians, really, or even just from south.

Far from north or each new world.

Dirty and ignorant people.

Dark hair and skin.

Stealing jobs for a few dollars or pounds.

Spreading crime in the streets.

We were of course illegal persons.

Immigrants.

Read everything, really, everything, as the easiest enemy in our hands.

We know this story.

We have already made this movie.

We have heard news of this novel.

And we have lived it.

Because we were there.

We were all, there.

And again, we will be.

All this will go on.

It will happen again.

Here it is, there, on the screen.

On the last page.

In the final scene that never changes.

The coward feels strong thanks to the same vile crowd.

They shout, spit, and attack the prey.

They devours the latter, every day, now.

Even now they are doing this.

Until they'll find another, more fragile.

Less defensible.

Prey.

I'm tired of this story.

I am not afraid, and neither you should be.

Because sooner or later we may be, again, everyone.

Everything.

The cowardly assailant.

As the prey.

But also the one who writes another story.

A different one.

Il terremoto e la signorina Lancialunga

Mercoledì 18 gennaio 2017 alcune scosse di terremoto hanno colpito l'Italia, con epicentro ancora una volta nella zona centrale, raggiungendo anche Roma, la capitale.

Fin qui i fatti.

Ciò che segue è solo mera finzione.

Ne hanno scritto in molti, all'epoca, sicché lo faccio anch'io, malgrado mi avvalga di questi tasti unicamente per quella roba lì, *WhatsApp* o come si scriva.

A ogni modo, mi riferisco a mia figlia Romina, nota ai più come la *signorina Lancialunga*, la bambina che vede lontano.

Che mancanza di fantasia, i giornali, devo dirlo, volevo farlo da tempo e colgo ora l'occasione.

Solo perché ad appena dieci anni si classificò prima ai campionati nazionali di lancio del giavellotto, fatto il titolo, fatto il nome.

Già, fatto il titolo, fatto il nome, ma non la storia, quella vera.

Per noi altri, io e Alfredo, la vittoria era roba scontata, film già visto, libro già letto, ma – scusate la ripetizione – storia ancora da raccontare, quella vera.

Romina è nata speciale.

Fin dall'istante in cui si è accomodata nel mio ventre ho compreso che le distanze per lei erano convenzioni ingannevoli, parole rassicuranti per cuori tremebondi e, al meglio, concetti relativi per cervici particolarmente dotate, vedi il geniaccio tedesco.

"Piccola, mi senti?" le faceva Alfredo, e poi prendeva a parlarle avvicinando il capo al pancione.

Bella voce, il mio lui, melodiosa, direi. E io iniziavo a danzare, dalla testa ai piedi.

"Stai ballando", osservava Alfredo.

"No", rispondevo come posseduta, "è Romina."

Altra avvisaglia sulla peculiarità della piccola si palesò alle elementari, al primo incontro per i genitori.

"Signora, non riesce a star seduta e a occuparsi delle cose sue. È come se avesse la testa a nord, il cuore al centro e i piedi al sud..."

Maestre... se sapessero quanto ci prendono, talvolta.

Romina me ne diede prova anni dopo, quando rientrò a casa anzitempo perché le scuole erano chiuse a causa del terremoto.

"Hai avuto paura?" le domandai mentre mettevo su il pranzo per entrambe.

La signorina Lancialunga, allora sedicenne, mi fissò con i grandi occhi e poi mi lasciò roba sui cui riflettere.

E ora scrivere.

"No, nessuna paura e tutta quella del mondo."

"Non capisco, Romina…" ammisi mollando per un istante i fornelli. Benedetti ragazzi, se non li ascolti attentamente non capisci niente.

"Cos'è il terremoto, mamma?"

"Scherzi? È quando la terra trema e crolla…"

"No, mamma. Il terremoto, per te, per noi che viviamo qui, in una grande città, è il lampadario che oscilla per qualche secondo e un po' di tremore di vetri e mobilio. Mentre scompaiono case e talvolta anche famiglie nel medesimo tempo. È così per tutto. La crisi e la guerra, il gelo di questi giorni e la calura estiva, la tristezza di un momento e una depressione incancellabile, come quella del mio compagno di banco, la connessione che salta durante la chat serale e la telefonata mancata con la vita rimasta indietro oltre oceano..."

Non proferii parola, trascrissi a mente e a cuore, già che c'ero, e ci sedemmo a tavola, io e *la bambina che ci vede lontano*.

Questi giornali...

Come le maestre, anche loro non hanno la più pallida idea di quanto talvolta ci prendano.

The earthquake and Miss Longspear

On Wednesday, January 18, 2017 some earthquake shocks hit Italy, with epicenter once again in the central area, reaching Rome, the capital.

So far the facts.

What follows is just mere fiction.

Many wrote about it, at the time, so I do the same, even though I use these keys only for that stuff, *WhatsApp* or what it is.

In any case, I'm talking about my daughter Romina, most notorious as *Miss Longspear, the looking away girl.*

What a fantasy, these newspapers, I have to say, I wanted to do it for a long time and I have now the opportunity.

Because ten years old she was ranked first in the national javelin throw championships, made the title, made her name.

Yes, made the title, made the name, but not the story, the real one.

For us, Alfredo and me, victory was a surplus, an already seen movie, an already read book, but - sorry for the repetition, story to tell, the true one.

Romina was born special.

From the moment she settled in my belly, I realized that the distances for her were deceptive conventions, reassuring words for heartbreaking hearts, and, best of all, concepts relating to particularly gifted brains, see the German genius.

"Baby, do you hear me?" Alfredo said, and then he talked to her approaching his head to the belly.

Beautiful voice, my man, melodious, I would say. And I started dancing, from head to toe.

"You're dancing," Alfredo observed.

"No," I replied as possessed, "It's Romina."

Another rumor about the uniqueness of the girl came up at the elementary school, during the first encounter with the parents.

"Madam, she cannot sit and look after her stuff. It's like head to the North, heart to the middle and feet to the South..."

Teachers... if they knew how much they guess, sometimes.

Romina gave me evidence later, when she came back home right away because the schools were closed due to the earthquake.

"Have you been afraid?" I asked as I sat on the lunch for both of them.

Miss Longspear, then sixteen, stared at me with great eyes and then left me things to think about.

And now write.

"No, no fear and all that in the world."

"I don't understand, Romina..." I admitted, for a moment leaving the stoves. Blessed kids, if you do not listen to them, you don't understand anything.

"What's the earthquake, Mom?"

"Seriously? It's when the earth shakes and collapses..."

"Well, Mom. The earthquake, for us, who live here in a big city, is the chandelier that swings for a few seconds and a bit of tremor of glass and furniture. While homes and families disappear at the same time. That's right for everything. The crisis and the war, the frost of these days and the summer heat, the sadness of a moment and an unmistakable depression, such as my companion's, the connection shutting down during the evening chat and the missed call with the remaining life back over the ocean..."

I didn't say a word, I recorded it into my mind and heart, already I was there, and we sat at the table, me and the *looking away girl*.

Newspapers...

Like the teachers, they don't have any idea of how much they guess, sometimes.

Il paese dove nessuno legge

C'era una volta un paese.

Un paese strano, assurdo, direte voi.

Perché era il paese dove la gente non leggeva libri.

Incredibile, me ne rendo conto.

Perché alla fine della giornata, magari stanco dei vuoti donati da una professione debilitante, qualcuno potrebbe risultare intollerante innanzi a un corpulento saggio scritto in piccolo e pieno zeppo di astruse definizioni.

Ma una storia…

Come fai ad affrontare ogni giorno la notte se nella valigia della tua coscienza non hai messo almeno un racconto?

Eppure, in quel paese la gente non leggeva libri.

Finché uno di questi ultimi si decise ad intraprendere la via oscura.

Quella della crudeltà letteraria.

Se ne parlava, tra uno scaffale e l'altro, di questa misteriosa organizzazione: EDNS.

Esercito Dei Narratori Sadici.

Il nostro era un volumetto anonimo, uno di quelli che in libreria ci arriva solo per errore, nome dell'autrice scritto con caratteri umili e titolo tutt'altro che accattivante.

Editore, poi, talmente minuscolo da non avere neanche un ufficio.

Costui riceveva i manoscritti e gli aspiranti autori sull'ultimo posto dell'ultimo vagone dell'ultima metropolitana della giornata.

Ultime Edizioni era difatti il nome della casa editrice.

Ebbene, il nuovo libro della suddetta era ferocemente ambizioso e altrettanto privo di scrupoli, come il titolo testimoniava: *La storia incosciente*.

Così, passò dalla parte dei cattivi.

Il gran capo di questi ultimi, una sproporzionata raccolta di racconti che non aveva letto nessuno, neanche l'autore stesso, gli diede la prima missione.

Ci passavano tutti e puntualmente fallivano.

"Vai dal signor Occhigrandi, il nostro peggior nemico, e costringilo a leggerti con ogni mezzo."

Il peggior nemico *dell'Esercito Dei Narratori Sadici* era veramente un avversario impossibile.

Costui non solo non leggeva libri, ma neanche giornali, né riviste e tanto meno fumetti.

Non leggeva le insegne dei negozi e quindi si sbagliava spesso entrando in un bar per chiedere barba e capelli e viceversa.

Con tutto l'imbarazzo nel domandare un caffè a un tizio con forbici e pettine in mano.

Non leggeva le avvertenze sui medicinali e per questo aveva già ricevuto centinaia di lavande gastriche.

Non leggeva, insomma.

Solitarie lettere o mucchi di parole che fossero, non avevano facoltà di oltrepassare i suoi occhi, talmente ossessionati dal vedere le cose del mondo, al punto da non comprendere il valore di dar loro un nome.

Evitando il rischio di affezionarsi ad esse.

Inerti o vive che fossero.

Soprattutto nell'ultimo caso.

Nonostante la difficoltà dell'impresa, la storia incosciente entrò di notte in casa dell'uomo mentre quest'ultimo dormiva.

Il racconto era deciso a tutto.

Si strappò alcune pagine e con esse legò il tizio al letto.

Ne strappò altre e con esse lo imbavagliò.

Strappò via altre pagine e le sventolò accanto all'orecchio dell'uomo, per destarlo.

Occhigrandi sollevò le palpebre di scatto inorridito dal terrore.

"Un libro", pensò scosso da un panico incontenibile. "C'è un libro nel mio letto..."

Spostò gli occhi sul comodino in cerca del cellulare, ma il libro strappò altre pagine per ricoprire quest'ultimo.

Il signor Occhigrandi diede un'occhiata nella sua camera e vide.

Ovvero, il contrario.

Ogni sacra fonte primaria di immagini era stata offuscata da apparentemente innocue pagine di altrettanto mite carta, dalla tv a schermo piatto al pc super veloce, passando per il tablet con tutte le preziose app.

L'uomo riportò gli occhi sul libro e notando che quest'ultimo fosse composto ormai solo dalla prima pagina emise un sospiro di sollievo.

Ingenuo, il signor Occhigrandi, perché la storia incosciente gli inflisse la peggior tortura che potesse mai subire l'uomo che non leggeva mai.

Gli raccontò la prima pagina della propria vita.

Un magnetico primo vagito sotto forma di un incipit talmente affascinante da cancellare tutto l'universo all'esterno dei confini di un anonimo libro come tanti. E tutto il paese udì le grida lancinanti di colui che si sarebbe cavato gli occhi pur di sapere cosa sarebbe accaduto.

Poi...

The country where nobody reads

There was once a country.

A strange, absurd one, you will tell.

Because it was the country where people didn't read books.

Incredible, I'm aware of that.

Because at the end of the day, perhaps tired of the gaps given by a debilitating profession, someone might be intolerant in front of a corpulent, small print essay, full of many strange definitions.

But a story...

How do you face every day your night if you have not put at least one story in your conscience's suitcase?

Yet, in that country people didn't read books.

Until one of them decided to take the dark path.

The literary cruelty.

Some talked about it, between one shelf and another, of a mysterious organization: SNA.

Sadistic Narrators Army.

The protagonist was an anonymous paperback, one of those that came in the bookstore only by mistake, the author's name written with humble characters and a far from appealing title.

The publisher, then, was so small that he doesn't even have an office.

He received the manuscripts and the aspiring authors on the last place of the last wagon of the last daily subway.

Last Editions was indeed the name of the publishing house.

Well, the new book was furiously ambitious and equally scrupulous, as the title testified: *The reckless story*.

So it went on the side of the bad guys.

The latter's boss, a disproportionate collection of tales that none read, not even the author himself, gave it the first mission.

All did it and promptly failed.

"Go to Mr. Bigeyes, our worst enemy, and force him to read you at any cost."

The Sadistic Narrator Army's nastiest opponent was really an impossible one.

He didn't read any books, but not even newspapers, magazines, and comics.

He did not read shop signs, so he often went to a bar asking for a haircut and vice versa. With all the embarrassment of requesting a coffee at a guy with scissors and comb in his hands.

He did not read the warnings on medicines and for that he had already received hundreds of gastric lavage.

He didn't read, in short.

Solitary letters or piles of words could not go beyond his eyes, so obsessed with seeing the things of the world, to the point of not understanding the value of giving them a name.

Avoiding the risk of affection to them.

Inert or living they were.

Especially in the last case.

Despite the achievement's difficulties, the reckless story went into the man's house at night, while the latter was asleep.

The story was ready for everything.

It tore some pages and tied the guy to the bed with them.

It snatched others and gagged him.

It ripped away other pages and waved them beside the man's ear to wake him.

Bigeyes lifted his eyelids frightened.

"A book," he thought shaken by an unbreakable panic. "There's a book in my bed..."

He moved his eyes to the bedside table looking for the cell phone, but the book ripped off other pages to cover the latter.

Mr. Bigeyes observed his room and saw.

That is, the contrary.

Every sacred, primary source of images had been blurred by seemingly innocuous pages of equally mild paper, from the flat TV screen to the superfast PC, passing through the laptop with all the precious Apps.

The man brought his eyes to the book and noticed that the latter was composed only by the first page, and he sighed.

Ingenuous Mr. Bigeyes, because the reckless story gave him the worst torture the man who never read could ever have.

It told him the first page of its life.

A magnetic, first wailing in the form of a so fascinating opening words to erase the entire universe outside the boundaries of an anonymous book like many. And the whole country heard the lashing screams of the man who would have got his own eyes off to know what would happen.

Then…

Italia, una nazione di...

Nel 2010 ce ne sono stati 34.100.

Nel 2010 ce ne sono stati 34.100 in grado di superare se stessi.

Nel 2010 in 34.100 hanno raggiunto il grande traguardo dei 42.195.

Nel 2010 in 34.100 hanno scritto il proprio nome tra coloro che possono dire di aver toccato il grande traguardo dei 42.195.

Nel 2010 il record del 2008 è stato battuto: solo 33.290, in quell'anno.

Nel 2010 il record del 2008 è stato sconfitto, poiché in quell'anno solo – si fa per dire - in 33.290 si sono guadagnati con onore il diritto al riposo.

Nel 2009 c'era stato un calo fino a 32.190.

Nel 2009 c'era stato un calo fino a 32.190, ma stiamo sempre parlando di un numero enorme.

Nel 2009 gli uomini erano 28.271.

Nel 2009 gli uomini erano 28.271 e le donne 3.919.

L'anno seguente, nel 2010, le donne sono state solo 4.361.

L'anno successivo, nel 2010, le donne sono state 4.361, il 12,7% del totale, in aumento del 10,3% rispetto al 2009.

Nel 2010 gli uomini sono stati 29.739, rispetto ai 28.210 dell'anno precedente.

Nel 2010 gli uomini sono stati 29.739, rispetto ai 28.210 dell'anno prima. Quindi – se la matematica non è un'opinione - sono aumentati solo del 4,5%.

Che siano donne o uomini, la città dove ne avete potuti incontrare di più è Roma.

Che siano donne o uomini, la città dove nel 2010 ne avete potuti incontrare di più è Roma. Per la precisione 6.456.

Al secondo posto, segue la città di Firenze.

Non per sembrare pignolo, ma al secondo posto la città di Firenze segue con 5.655.

Venezia si trova alla terza posizione.

Alla terza posizione si trova Venezia con 4.907.

Nel 2010 ce ne sono stati 34.100.

Nel 2010 ce ne sono stati 34.100 che hanno oltrepassato i propri limiti.

Il 7 novembre dello stesso anno 3.461 di quei 34.100 sono stati visti anche a New York.

Il 7 novembre del medesimo anno quei 3.461 hanno ottenuto un altro record.

Sono stati il gruppo straniero più numeroso della maratona di New York.

Sono stati il gruppo di stranieri più numeroso nella maratona più frequentata al mondo.

Quegli stranieri erano Italiani.

Quegli stranieri sono Italiani che si distinguono nel mondo come donne e uomini che amano correre.

Perché l'Italia è anche una nazione di corridori.

Italy, a nation of...

There were 34,100 in 2010.

In 2010 there were 34,100 able to overcome themselves.

In 2010, 34,100 reached the great 42,195 goal.

In 2010, 34,100 wrote their name among those who can say of having touched the great 42,195 goal.

In 2010, the 2008 record was beaten: only 33,290 in that year.

In 2010, the 2008 record was defeated, since in that year 33,290 people have earned their right to rest.

In 2009 there was a decrease to 32,190.

In 2009 there was a decline to 32,190, but we are always talking about a huge number.

In 2009, the men were 28,271.

In 2009, men were 28,271 and women 3,919.

The following year, in 2010, women were only 4.361.

The next year, in 2010, women were 4,361, 12.7% of the total, up 10.3% over 2009.

In 2010, men were 29,739, compared with 28,210 in the previous year.

In 2010, men were 29,739, compared with 28,210 in the year before. So - if math is not an opinion - they have only increased by 4.5%.

Whether they are women or men, the city where you have been able to meet the most is Rome.

Whether they are women or men, the city where you have been able to meet the most in 2010 is Rome. Precisely 6.456.

Second, here is the city of Florence.

I don't want to look fickle, but in the second place the city of Florence follows with 5.655.

Venice is in the third position.

The third position is Venice with 4.907.

There were 34,100 in 2010.

In 2010 there were 34,100 that exceeded their limits.

On 7 November of the same year 3,461 of those 34,100 were also seen in New York.

On November 7th of the same year, those 3,461 gained another record.

They were the largest foreign group in the New York marathon.

They were the largest group of foreigners in the world's most popular marathon.

Those foreigners were Italians.

Those foreigners are Italians who stand out in the world as women and men who like to run.

Because Italy is also a nation of runners.

About the author

Alessandro Ghebreigziabiher, author, storyteller, stage actor and director, was born in Naples in 1968 and currently lives in Rome.

His first book, Sunset (Tramonto, Italian edition, Lapis, 2002,Tempesta, 2017), in 2003 was selected by the International Youth Library (IYL), in Munich, Germany, for the White Ravens, a mention for books from around the world that they consider to be especially noteworthy.

Barry Bradford, American speaker, historian and author who contributed to reopen the Edgar Ray Killen case, appreciated his short story "The courage of hope", about James Chaney, Andrew Goodman, Michael Schwerner, and wrote the preface for his book "Amori diversi"(Different loves, Italian edition).

He is artistic director of the Italian Storytelling Festival "The gift of diversity" (Il dono della diversità), coordinator of the international storytelling network Red Internacional de Cuentacuentos, member of Professional Storyteller, founder and coordinator of the international network Storytellers for Peace.

Website:

www.alessandroghebreigziabiher.it

Manufactured by Amazon.ca
Bolton, ON

24885893R00060